REVUE ARCHÉOLOGIQUE

PUBLIÉE SOUS LA DIRECTION

DE MM.

ALEX. BERTRAND ET G. PERROT

MEMBRES DE L'INSTITUT

F. DE MÉLY

—

LE « DE MONSTRIS » CHINOIS

ET LES BESTIAIRES OCCIDENTAUX

PARIS

ERNEST LEROUX, ÉDITEUR

28, RUE BONAPARTE, 28

—

1897

N. B. — Tout ce qui est relatif à la rédaction doit être adressé à M. Alexandre Bertrand, de l'Institut, au Musée de Saint-Germain-en-Laye (Seine-et-Oise), ou à M. G. Perrot, de l'Institut, rue d'Ulm, 45, à Paris.

Les livres dont on désire qu'il soit rendu compte devront être déposés au bureau de la *Revue*, 28, rue Bonaparte, à Paris.

L'Administration et le Bureau de la *REVUE ARCHÉOLOGIQUE* sont à la Librairie Ernest Leroux, 28, rue Bonaparte, Paris.

CONDITIONS DE L'ABONNEMENT

La *Revue Archéologique* parait par fascicules mensuels de 64 à 80 pages grand in-8, qui forment à la fin de l'année deux volumes ornés de 24 planches et de nombreuses gravures intercalées dans le texte.

PRIX :

Pour Paris. Un an............. 30 fr. | Pour les départements. Un an.. 32 fr.
Un numéro mensuel.............. 3 fr. | Pour l'Etranger. Un an........ 33 fr.

On s'abonne également chez tous les libraires des Départements et de l'Etranger.

LE « DE MONSTRIS » CHINOIS

ET

LES BESTIAIRES OCCIDENTAUX

A peine le folklore a-t-il pris place dans la science, qu'on en voit immédiatement l'importance pour l'histoire de l'humanité. Alors qu'il y a quelques années à peine, les esprits les plus érudits demandaient à des recherches locales, comme aux subtilités de la philologie, l'origine de mythes qu'on croyait nés dans un milieu spécial, voilà que le champ s'étend, et que des savants à l'érudition la plus large n'hésitent pas à écrire que « ce sont ces légendes qui vont permettre d'établir le caractère véritable des connaissances des anciens peuples en des ordres divers[1]. » L'*Histoire de l'Alchimie* a montré la voie, les *Lapidaires* ont suivi ; un jeune savant, M. Beaunier, sur lequel on peut compter pour mettre en valeur les textes qu'il étudie, s'attache actuellement aux *Bestiaires* : l'ampleur du sujet fera certainement, pour la connaissance de la géographie ancienne, ce que les *Lapidaires* font en ce moment pour l'histoire de la minéralogie. Mais ceux qui nous ont précédé, qui ont étudié les légendes en se préoccupant d'états d'âme particuliers, de civilisations circonscrites, n'en doivent pas moins mériter toute notre reconnaissance : ils ont établi des textes, déterminé des points de départ, qui sont en réalité des points de développement, et s'ils ont considéré comme simples jeux de l'esprit humain ces invraisemblances extraordinaires, aujourd'hui ils voudront bien peut-être regarder d'un œil intéressé ce domaine si vaste, si inconnu que nous le pouvons à peine jalonner actuellement.

1. Berthelot (M.), *Journal des Savants*, 1896, p. 573.

1

Nous assistons en ce moment à une évolution des plus intéressantes. Après que, pendant longtemps, on a cru devoir accepter sans aucune objection les *Annales chinoises* qui font remonter à des origines qu'on ose à peine soupçonner l'histoire de la civilisation de l'Extrême-Orient, voilà qu'une réaction assez vive voudrait, non pas en nier la réelle antiquité, mais trouver, dans les visites nestoriennes, par exemple, l'arrivée de connaissances primordiales que les Chinois prétendent tirées d'eux-mêmes.

Or, la science syriaque tient de si près à l'École d'Alexandrie qu'on ne l'en saurait séparer. C'est donc tout d'abord cette dernière qu'il faut approfondir, avant de faire aucune espèce de comparaisons. Mais combien ample est le champ livré à nos investigations ! Toute synthèse à laquelle notre esprit tente immédiatement d'arriver, nous est interdite, par cela même que l'analyse en est à peine commencée : le *Bestiaire* en sera un chapitre aussi nouveau qu'inexploré.

On ne saurait s'étonner, que tenant en main pour l'édition des *Lapidaires chinois* le *Wa kan san sai dzou ye*, je l'aie feuilleté jusqu'au bout : puis, qu'y trouvant un livre entier consacré aux peuples étranges, j'aie demandé à l'inépuisable érudition de **M. H. Couret**, auquel je devais déjà le *Livre des Minéraux*, la traduction des chapitres que je viens signaler aujourd'hui à l'attention des érudits.

Avant tout, il est indispensable de préciser sous quel aspect se présentait pour moi la question du *Bestiaire*, principalement des passages relatifs aux peuples étranges. Depuis longtemps, les fables du Pseudo-Callisthène, de Ctésias, les récits extraordinaires, les légendes des expéditions d'Alexandre, légués par l'Antiquité au Moyen Age, me paraissaient tout autre chose que des mythes enfantés pour ainsi dire de toutes pièces par l'imagination d'un écrivain primitif. Il me semblait, au contraire, qu'on ne pouvait manquer de rencontrer dans une semblable étude toute une genèse inattendue. Il me souvenait, en effet, d'avoir trouvé chez tant d'auteurs grecs et latins, d'époques si différentes, de conceptions si diverses, des fragments de ces histoires fabuleuses que nous rencontrions tout d'un coup groupés dans les écrivains de l'École alexandrine, que j'y voyais la preuve d'un lent développement, de successives additions, qu'un lien commun, que nous ignorons encore, unit dans une intimité incontestable.

Ne soupçonnant même pas l'existence du *Bestiaire chinois*, je m'étais jusqu'ici borné à recueillir chez les écrivains de l'Antiquité et du Haut Moyen Age, d'Hésiode à Hérodote, à Moyse de Khorène, à saint Isidore de Séville, tous les renseignements géographiques fabuleux insérés dans leurs ouvrages ; car poètes et historiens, philosophes et satiriques, géographes et auteurs sacrés, tous, il faut s'empresser de le remarquer, ont apporté leur contribution à l'œuvre entreprise. De cette façon, il était déjà possible de dresser une table à peu près complète des noms des peuples étranges que l'Antiquité occidentale prétendait connaître.

Mais dès le principe, par exemple, une sélection s'impose, nécessaire : les éléments que nous rencontrons se classent naturellement en trois catégories bien distinctes. Nous trouvons, en effet, des peuples qui tirent simplement leur nom de leur manière de vivre : les *cynamolges*, les *mélanchlènes*, les *androphages*, les *phtirophages* ; puis ceux qui se distinguent des autres peuples par leur aspect extérieur, sans anomalie physique cependant : les géants, les nains, les nègres, les *macrobies* ; viennent enfin les peuples réellement fabuleux, les *acéphales*, les *astomes*, les *monocoles*, les *monocules*, en un mot, les monstres, pour me servir du terme même employé par le Moyen Age, qui ne peuvent avoir existé et que le besoin d'invraisemblance a seul pu faire naître dans l'esprit des mythographes.

Tout de suite, il est facile de voir que les deux premières divisions n'ont aucune valeur fixe ; cette valeur varie forcément de nation à nation, puisque, pour chacune, les coutumes de leurs voisines sont forcément étranges ; nous n'avons donc pas à nous

y arrêter. Au contraire, pour les monstres, les traditions différentes qu'ils ont fait naître doivent être approfondies en raison
même de leur invraisemblance. Plus fantastiques en seront les
détails, plus irréalisables les conceptions, plus les points de con-
tact apparaîtront, plus les liens communs seront sensibles, car
il n'est pas possible qu'aux extrémités du monde, l'esprit humain se berce, non pas de légendes semblables au fond, ce qui
au contraire serait tout naturel, étant donnée son unité, mais de
fables presque identiques dans leurs termes, dans leur représentation, dans leur exécution iconographique, alors que préci-
sément dans les deux premières classifications, elles apparaissent
si essentiellement différentes sous tous leurs aspects.

Ils sont fort nombreux, ces monstres, dans la littérature occidentale. Il semblerait même au premier abord que chaque écrivain se soit plu à en inventer de nouveaux, à en accroître la liste :
mais un seul, au contraire, dans sa verve satirique, Lucien, se
distingue des autres. Pour les besoins de sa thèse, il peuple de
nations étranges les pays de son imagination ; chose curieuse,
elles ne dépassent pas son œuvre, et ne feront jamais corps avec
la légende des monstres qui va traverse. l'humanité. Nées de sa
conception personnelle, elles disparaîtront avec leur auteur, tandis que les autres, bien qu'aussi fantastiques cependant, suivront
l'humanité dans sa course, jusqu'au xvi° siècle scientifique même,
qui reproduira les textes et les dessins qui ont traversé tant de
siècles, passé au travers de civilisations si diverses, sans éprou-
ver pour ainsi dire de déformation sensible.

Rappelons donc, en mentionnant simplement les auteurs chez
les quels nous les rencontrons pour la première fois, les monstres
des légendes occidentales :

Acéphales, Hérodote.	Arrhines, Strabon.
Ægypans, Pline.	Artabatitæ, S. Isidore.
Ægypodes, Hérodote.	Asinicruræ, Lucien.
Androgynes, Pline.	Astomes, Strabon.
Antipodes, Strabon.	Bithyes, Pline.
Arimaspes, Hérodote.	Blemmyes, Strabon.

Brachystomes, Pomponius Mela.
Cancrimani, Lucien.
Centaures, Hésiode.
Centimani, Hésiode.
Cyclopes, Hésiode.
Cynocéphales, Hérodote.
Cynophanes, Tertullien.
Cynodontes, S. Isidore.
Dracontopodes, Ovide.
Enotocètes, Strabon.
Faunes, Jérémie.
Hémicynes, Strabon.
Himantopodes, Ps.-Callisthène.
Hippocentaures, Diodore de Sicile.
Hippopodes, Pomponius Mela.
Lamies, Isaïe et Aristophane.
Macrocéphales, Strabon.
Macroscèles, Strabon.
Monocoles, ou Monoscèles, Pline.

Monocules = Arimaspes, monophthalmes, monommates, Hérodote.
Octipèdes, Lucien.
Onocentaures, Isaïe.
Opistodactyles, Strabon.
Opistopodes, Pline.
Panotios ou Enotocètes.
Phillopodes, Lucien.
Psyttopodes, Lucien.
Pygmées, Homère.
Satyres ou Ægypodes.
Sciopodes, Aristophane.
Stéganopodes, Alcman.
Sphénocéphales, Strabon.
Sphynx.
Sternophthalmes, Strabon.
Struthopèdes, Pline.
Syrènes [oiseaux], Isaïe.
Thibiens, Pline.

A ces noms, tout spéciaux, il convient d'ajouter certains êtres extraordinaires qui, sans avoir une dénomination personnelle, sont décrits par les auteurs anciens. Tels les hommes ailés, les hommes à têtes d'animaux, les animaux à tête d'homme, d'Ézéchiel, d'Hérodote, de Tertullien ; les hommes blancs, de Pomponius Mela ; les hommes chauves, d'Hérodote ; les hommes aux longs bras, les hommes cornus, les hommes à corps d'oiseaux, les hommes à un seul côté, les hommes à double visage, les hommes sans langue, les hommes aux grandes lèvres, à plusieurs mains, à plusieurs pieds, d'Isidore de Séville ; les hommes fendus jusqu'au nombril, du *Roman d'Alexandre* ; à pied d'oiseaux, à pied fourchu, de Moyse de Khorène ; à queue de poisson, de Callisthènes ; les hommes à queue, de Pline ; à plusieurs têtes, d'Hésiode ; les hommes velus, du *Périple d'Hannon*, dont les peaux avaient été rapportées à Carthage.

Assurément, je ne suis pas complet ; mais déjà, pourtant à l'aide des passages que nous venons d'indiquer, nous pourrons étudier les monstres du *Wa kan san saï dzou ye*. Parmi les peuples étranges qui y étaient décrits, en suivant l'ordre d'idées que nous avons cru devoir adopter en principe, voici la sélection qui en était à faire.

Les hommes à tête volante, *Fei teou*, en japonais *Rokou rô koubi*. — D'après l'Encyclopédie *San saï dzou ye*, il y a dans le royaume Ta tou pouo des hommes à tête volante. Leurs yeux n'ont pas de prunelles. Leur tête peut voler. Dans leurs sacrifices, ordinairement, ils offrent des *touo lo*. Aussi on les appelle *lo chi*. Sous le règne de Wou ti, de la dynastie des Han, on dit que dans le royaume de In, dans les contrées du sud, il y avait un peuple à corps séparable. La tête pouvait d'abord s'envoler dans la mer du Sud, la main gauche dans la mer orientale, la main droite dans les marais de l'ouest. Lorsque le matin arrive, la tête regagne le tronc du corps; lorsqu'un vent violent s'élève, les mains sont enlevées de la surface de la mer. Dans le *Nan fang i ou tcheu* (*Relation des merveilles des contrées méridionales*), il est dit que dans la caverne de Ki de Ling nan, il y a des sauvages à tête volante; à leur cou est une cicatrice rouge. Lorsque la nuit arrive, leur tête s'envole à la recherche des reptiles qu'elle mange. Leurs oreilles leur servent d'ailes. Lorsque le jour arrive, elle regagne le tronc et le corps reprend sa forme ordinaire.

Dans l'ouvrage *Chiou chenn* (*Recherches sur les esprits*), on dit que la tête de Tchou hoan, femme du général Ou, pouvait s'envoler la nuit. Dans l'ouvrage *Kouang ki*, de la dynastie des Tai phing, il est dit que les sauvages à tête volante habitent une terre à l'est de Chen chen et au sud-ouest de Loung tcheng. Cette terre est d'une étendue de mille lis. Les bœufs et les chevaux que les voyageurs rencontrent dorment tous sur des tapis de feutre. Dans la caverne Hi de Ling nan, il y a toujours des sauvages à tête volante. Un jour avant que la tête s'envole, il se forme sur le cou une cicatrice qui l'entoure comme un fil rouge ; les femmes, dès qu'elles voient cela, veillent sur eux. Lorsque la nuit arrive, ils ont l'air d'être malades, puis tout à coup la tête se détache du corps et s'envole. Elle va sur les rivages chercher des reptiles, des serpents dont elle se nourrit. Lorsque arrive le matin, elle retourne au tronc et le corps reprend sa forme entière ; elle paraît comme endormie dans un rêve.

Δ[1]. Dans toutes ces relations à peu près identiques, c'est surtout la variété du royaume de Tou pouo qui sert de type. Et même dans ce royaume tous les habitants ne sont pas ainsi. Dans la Chine et au Japon, on dit qu'il existe aussi çà et là des hommes à têtes volantes, mais c'est faux. Ce n'est qu'une variété isolée d'hommes merveilleux.

———

Royaume des chiens. — Dans l'Encyclopédie *San saï dzou ye*, il est dit que, dans le royaume des chiens, les hommes ont le corps d'un homme et la tête d'un chien. Ils ont de longs poils, ne connaissent pas le langage et aboient comme des chiens ; mais toutes les femmes comprennent et  parlent le chinois. Ils ont pour vêtement des peaux de zibelines ; ils demeurent dans des cavernes. Ils se nourrissent de chair vivante ; les femmes et les filles arrangent des aliments cuits au feu. Ils se marient entre eux. Jadis des Chinois vivaient dans ce royaume. Les femmes les aidèrent à fuir en leur donnant dix paires de tendons et en les avertissant qu'à chaque dix lis qu'ils feraient, en marchant, ils laissassent tomber un tendon. Les chiens les ramasseraient, les rapporteraient, cesseraient de les poursuivre et ils pourraient ainsi s'échapper du pays. Pour atteindre Ing thian fou, il faut marcher deux ans et deux mois.

———

1. La *Grande Encyclopédie japonaise* se compose de textes empruntés exclusivement aux ouvrages chinois, anciens, mais les passages précédés du Δ sont les commentaires essentiellement japonais ajoutés par les rédacteurs de l'ouvrage au siècle dernier.

Δ. En quelle direction se trouve le royaume des chiens, on ne le dit pas : il est probable que ce royaume est aussi dans les contrées méridionales. Dans l'ouvrage *Kouang tch'ouan ou tcheu*, il est dit que dans la mer du Sud à la distance de trois mille lis de Hoei i, se trouve le royaume des chiens. Dans ce royaume se trouve une espèce d'oiseaux appelés *fei yen*, qui ressemblent à des rats, mais ont deux ailes et les pattes rouges. Quand arrive l'aurore, avant que les autres animaux soient levés, ils choisissent chacun un arbre. Ils ont dans leur bec une salive visqueuse comme de la colle; ils répandent, en volant, cette salive sur les branches et les feuilles des arbres et des plantes. Tout animal qui vient dans ces arbres est pris comme dans un piège. Et alors ces oiseaux les mangent, et s'ils ont de la peine à les manger, ils vident les entrailles, les enduisent de leur bave visqueuse et en viennent ainsi toujours à bout. Mise sur des viandes desséchées, cette bave visqueuse en ôte la sécheresse. Cette bave répandue pendant un demi-jour se dessèche et tombe d'elle-même (on en répand de nouveau).

Peuple ailé, *Iu min*. — D'après l'Encyclopédie *San saï dzou ye*, il y a dans la mer du sud-ouest, à certains endroits des montagnes, des hommes à grosses joues, à bec d'oiseau, avec des yeux rouges, la tête blanche et des ailes velues : ils peuvent voler, mais ils ne peuvent voler loin, ils ressemblent à des hommes, ils pondent des œufs.

Les Arabes, *Ta chi*. — D'après le *San saï dzou ye*, leur pays se trouve dans la mer du Sud à une distance de mille lis; c'est un pays de montagnes et de vallées. On y trouve des arbres dont les branches portent, au lieu de fleurs, des têtes d'hommes qui ne parlent pas; si on leur parle, elles se contentent de sourire.

L'appellation de *Ta chi koui* est une appellation générique

Dans ce royaume, il y a un grand nombre de tribus. On y voit la tribu des Mari pa, des Pe tha, des Ki ssem, des Firo. des Moshiri ; nous ne sommes pas parvenus à connaître les autres.

Wou sse li, pays dépendant des Arabes, en japonais *Mo shiri*.—D'après l'Encyclopédie *San saï dzou ye*, le pays des Wou sse li ressemble par son climat au pays de Pe tha. Dans ce pays on est sept ans, huit ans, dix ans sans voir tomber de pluie. Il n'y a qu'un fleuve, appelé Thien yang, dont la source est inconnue. Son eau est très agréable et douce ; pendant quarante jours il déborde et recouvre les champs, lorsque l'eau est retirée on laboure les champs. Tous les deux ans, on voit un vieillard à cheveux blancs qui sort de l'eau du fleuve et s'assied sur une pierre. Les gens du pays viennent le saluer et lui demander si l'année sera bonne ou mauvaise. Cet homme ne parle pas : s'il sourit, l'année sera bonne ; s'il paraît triste, l'année sera mauvaise ; ensuite il rentre dans le fleuve. Autrefois Tsiu ko ni bâtit dans ce pays un temple au fronton duquel il y avait un miroir. Si les soldats des pays voisins venaient faire une razzia, le miroir les réfléchissant annonçait leur présence.

Pays des hommes qui ont un trou à la poitrine, *Tch'uen hioung*, en jap. *Sen keo*. — D'après l'Encyclopédie *San saï dzou ye*, le pays des hommes à la poitrine percée se trouve à l'orient de la mer Cheng. Le grand dignitaire de ces hommes à la poitrine percée retire ses vêtements et se fait enfoncer dans le trou de sa poitrine un bâton de bambou, à l'aide duquel ses inférieurs le portent.

Pays des hommes aux jambes croisées, *Kiao hing*. — D'après

l'Encyclopédie *San saï dzou ye,* le pays de ces hommes se trouve à l'ouest du pays des hommes avec un trou dans la poitrine. Les hommes de ce pays ont les pieds et les jambes tordus et entrelacés.

———

Pays des hommes aux longues jambes, *T'chang kio.* — D'après l'Encyclopédie *San saï dzou ye,* le pays des hommes à longues jambes se trouve à l'orient de Tchou choui ; le pays est voisin de celui des hommes aux longs bras. Ils pêchent du poisson dans la mer, en se faisant ordinairement accompagner d'hommes aux longs bras. Les hommes aux longs bras, dont le corps est d'une dimension moyenne, ont des bras de deux *t'chang* de longueur. Et choisissant parmi les hommes à longues jambes, on en trouve dont les jambes ont trois *t'chang* de longueur.

———

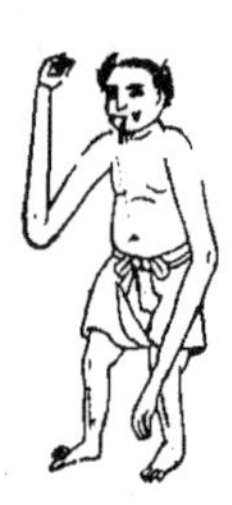

Hommes aux longs bras, *T'chang pi.* — D'après l'Encyclopédie *San saï dzou ye,* le pays des hommes aux longs bras se trouve à l'ouest du royaume de Tsiao iao, dans la mer orientale. Ces hommes peuvent avec leurs bras toucher le sol. Autrefois, il y avait des hommes au milieu de la mer, qui avaient un vêtement en toile avec des manches qui avaient plusieurs *t'chang* de longueur.

Il est difficile d'admettre qu'il y ait des hommes avec des jambes ou des bras d'une longueur de deux ou trois *t'chang.*

———

Les géants, *T'chang jin.* — D'après l'Encyclopédie *San saï dzou ye,* dans le royaume des géants, il y a des hommes grands de trois à quatre *t'chang.* Autrefois des hommes de Ming tcheou, qui naviguaient en suivant la direction du vent furent entraînés dans une direction qu'ils ignoraient ; ils se trouvèrent auprès d'une île et montèrent sur le rivage pour ramasser du bois. Tout à coup s'avança un géant, dont la marche était si rapide qu'il semblait voler. Les gens de Ming tcheou à la hâte regagnèrent leur bateau, poursuivis par le géant. Les marins lui lancèrent des flèches et s'éloignèrent.

Pays des hommes qui n'ont pas de ventre, *Ou tch'áng.* — D'après l'Encyclopédie *San saï dzou ye,* le pays se trouve dans la mer du sud-est. Tous les hommes de ce pays n'ont pas de ventre. Dans l'ouvrage *Kouang tch'ouan ou tcheu,* il est dit que ce sont des hommes qui n'ont pas d'intestins dans le ventre; ce qu'ils mangent leur traverse directement l'intérieur du corps.

Les oreillards, *Gniĕ eul,* en jap. *Sesshi.* — D'après l'Encyclopédie *San saï dzou ye,* le pays des oreillards se trouve à l'orient du pays des hommes qui n'ont pas de ventre. Ces hommes ont la peau tigrée, les oreilles leurs descendent jusqu'à la ceinture, ils les tiennent avec la main quand ils marchent.

Pays des femmes, *Niu jin koue,* en jap. *Niu niu gokou.* — D'après l'Encyclopédie *San saï dzou ye,* le pays des femmes se trouve dans la mer du sud-est. On navigue sur la mer orientale d'une manière continue pendant des années pour arriver à ce pays où le nénuphar atteint souvent plusieurs pieds en s'ouvrant, où le noyau de pêche atteint deux pieds de longueur. Autrefois une grande barque fut entraînée par le vent vers ce pays.

Tous les marins périrent, si ce n'est un homme qui réussit à s'échapper par ruse sur une barque et raconta cette aventure. Les femmes s'exposent à l'action du vent du sud et sous son influence conçoivent. On dit encore qu'il y a, à la frontière de ce pays, une contrée appelée Y jou siao jou. Il n'y a pas d'hommes dans ce pays. Les femmes se mirent dans un puits et conçoivent.

Δ. D'après le *Pen ts'ao kang mou*, à l'orient du royaume de Fou sang, il y a le pays des femmes. Ce pays produit une herbe salée, dont la feuille ressemble à celle de la plante *ye kao* [sorte d'absinthe]. C'est une plante odiférante à saveur salée et qui sert de nourriture à ces femmes. On trouve dans la Géographie *Wang koue thou*, qu'il y a çà et là des pays de femmes. Il y en a au nord-ouest de l'Inde, à l'ouest de la mer *Ta kao* ; il y en a au Japon, dans une île de la mer du nord-est. Ce sont des on-dit.

Pays des petits hommes [pygmées], *Siao jin,* en jap. *Ko bito.* — D'après l'Encyclopédie *San saï dzou ye,* dans les contrées de l'est, on trouve le pays des petits hommes. Ces hommes s'appellent *Tsing* : leur hauteur est de neuf pouces. Les grues de mer les poursuivent pour les enlever, aussi ils ne sortent jamais qu'en bande. Dans l'ouvrage *Kouang tch'ouan ou tcheu,* on raconte que du temps de Wei, dans le Ho wen, devant la maison de Wang tse youen, dans une tempête de pluie, huit ou neuf pygmées furent amenés devant sa demeure ; ils étaient hauts de six à sept pouces. Ils racontèrent eux-mêmes qu'ils demeuraient au sud du Ho thoung et que le vent les avait amenés jusque-là. On parla avec eux et on apprit une foule de choses intéressantes.

Pays des hommes à queue, *Kia pou.* — D'après l'Encyclopédie *San saï dzou ye,* le pays des *Kia pou* se trouve à quinze cents lis au sud de Hiong chang pou. Les hommes de ce pays ont une queue. Quand ils s'assoient, ils font un trou dans la terre pour y mettre leur queue ; s'ils ont une coupure ou si on leur coupe la queue, ils meurent instantanément.

, Pays des hommes qui ont un œil derrière la tête, *Heou yen,* en jap. *Go gan*. — D'après l'Encyclopédie *San saï dzou ye*, dans le pays des Keou yen, les hommes ont un œil derrière la tête. On dit encore que les gens de Iraka [en chinois : Ou in ho] les ont quelquefois aperçus, mais toujours avec frayeur.

———

Hommes à pieds de cheval, habitant Ting lin. — D'après l'Encyclopédie *San saï dzou ye*, le pays de Ting lin se trouve dans la mer ; les hommes de ce pays ont des grands poils qui partent du nombril ; ils ont des pieds de cheval ; pour bien marcher ils se fouettent les pattes et en un jour ils peuvent faire trois cents lis. Pour aller de ce pays à Hing tiang fou, il faut deux années à cheval.

———

Homme de Ti, à corps de poisson. — D'après l'Encyclopédie *San saï dzou ye*, le pays des hommes à corps de poisson se trouve à l'est de Kien mou. Ces hommes ont le buste et la tête  d'un homme et le corps d'un poisson ; ils n'ont ni pieds ni jambes. La partie supérieure du corps est celle d'un homme, la partie inférieure, celle d'un poisson.

———

Hommes sauvages, *Hia jin*. — D'après l'Encyclopédie *San saï dzou ye*, dans le pays des hommes sauvages, il y des montagnes et des forêts où ils habitent : ils ont des seins qui pendent, comme des courges ; ils les enveloppent dans des sacs de cuir et les tiennent dans leurs mains quand ils marchent ; ils parlent le langage humain et se nourrissent de feuilles.

———

Pays des hommes velus, *Tchang mao*. — D'après l'Encyclopédie *San saï dzou ye*, le pays des *Tchang mao* se trouve au nord du

pays des Hiouen kao. Les femmes règnent dans ce pays : les hommes ont de longs poils : ils demeurent dans des villes sur lacs, ils ensemencent les champs. De là pour parvenir à Ing thian fou, il faut deux ans et cinq mois. C'est la quatrième année de l'ère Hioun kia que l'on a connu ces gens velus.

———

Hommes à un seul bras, *I pi*. — D'après l'Encyclopédie *San saï dzou ye*, le pays des hommes à un seul bras se trouve au nord, dans la mer occidentale. Ces hommes n'ont qu'un œil, qu'une main, qu'un pied, qu'une moitié de corps. De même que les poissons et les oiseaux, ils se tiennent par paires ; ils ne peuvent marcher isolément.

———

Les hommes qui n'ont pas d'intestins, *Ou ki*. — D'après l'Encyclopédie *San saï dzou ye*, le pays des hommes qui n'ont pas d'intestins se trouve dans la mer du Nord. Ces hommes n'ont pas de viscères, ils mangent de la terre, ils habitent des cavernes. Lorsqu'un homme ou une femme meurt, on les enterre. Si leur cœur ne se pourrit pas, il se transforme en deux cents ans et redevient homme ; si c'est la rate, il redevient homme au bout de deux cent dix ans ; si c'est le foie, il redevient homme après quatre-vingts ans.

———

Hommes à un seul côté, *Jeou li*. — D'après l'Encyclopédie *San saï dzou ye*, les *Jeou li* ont une position de profil et tendent en avant une main et un pied. Dans le livre *Chan hai king*, il est dit qu'ils se trouvent à l'ouest du pays des gens qui n'ont qu'un œil.

———

Hommes qui n'ont qu'un œil, *I mou*, en jap. *Itzi mokou*. —

D'après l'Encyclopédie *San saï dzou ye*, le pays des hommes qui n'ont qu'un œil se trouve en dehors de la mer du Nord, à l'est du pays des hommes qui n'ont pas d'intestins. Ces hommes n'ont qu'un œil au milieu du front. Leurs mains et leurs pieds sentent mauvais.

Hommes qui ont trois têtes, *San t'eou*. — D'après l'Encyclopédie *San saï dzou ye*, le pays des hommes qui ont trois têtes se trouve au nord de Ta cheou k'i. Ces hommes ont un corps et trois têtes.

Hommes qui ont trois corps, *San chin*. — D'après l'Encyclopédie *San saï dzou ye*, le pays des hommes à trois corps se trouve à l'est des pays de Tso tch'eu. Ces hommes ont une tête et trois corps.

Tou yn, dragon fabuleux à tête d'homme, en jap. *Gokou yn*. — D'après l'Encyclopédie *San saï dzou ye*, il y a, en dehors de la mer du Nord, dans la montagne Tchoung, un dragon fabuleux appelé *Tou yn*. S'il ouvre les yeux, il fait jour ; s'il les ferme, il fait nuit; s'il souffle, il amène l'hiver; s'il soupire, il amène l'été. Il ne mange ni ne boit. Sa respiration est un vent violent, la longueur de son corps est de cent lis, il a la tête d'un homme et le corps d'un dragon, il est de couleur rouge. Autre version : Dans la montagne de Tchoung, il y a un dragon qu'on appelle *pi*, qui a le corps d'un dragon et la tête d'un homme.

Ti kiang, en jap. *Tei ko*, monstre fabuleux. — D'après l'Ency-

clopédie *San saï dzou ye*, il y a dans les Thian chan [Montagnes Célestes] un dragon dont la forme est celle d'un sac en peau. Il a le dessus du dos jaune et rouge feu. Il a six pieds et quatre ailes. C'est une masse informe qui n'a ni visage ni yeux, on l'appelle *Ti kiang*.

———

Kiang leang, en jap. *Kio rigo*. — D'après l'Encyclopédie *San saï dzou ye*, il y a dans la montagne de Ta houng, en dehors du pôle Nord, un monstre qui tient dans sa gueule un serpent; il a une tête de tigre, le corps d'un homme et les bras et les jambes comme des pattes de cheval, on l'appelle *Kiang leang*.

———

Hei jin, en japonais *Kokou jin*, hommes noirs. — D'après l'Encyclopédie *San saï dzou ye*, il y a dans la mer du Sud, dans les montagnes de Pa souei, des hommes noirs, qui tiennent dans chaque main un serpent; ils le mangent.

———

Il est certain que, si nous voulions faire un rapprochement intime, que si nous pensions retrouver en Occident et en Extrême-Orient une identité parfaite de textes, nous ne saurions y arriver. Ici, comme lorsqu'il s'est agi des *Lapidaires*, nous devons compter avec un état intellectuel tellement spécial, avec des habitudes, avec une civilisation si différentes, qu'il faut marcher avec la plus extrême prudence. C'est simplement le fond commun que nous devons interroger [1].

Pygmée, n° 507.

1. Comme il est du plus haut intérêt de joindre aux textes de l'Antiquité les monuments iconographiques eux-mêmes qu'elle nous a légués, nous allons emprunter au *Catalogue des bronzes antiques de la Bibliothèque nationale*, si

Reprenons donc et notre livre chinois et nos auteurs occidentaux.

Je ne trouve, dans les écrivains occidentaux, ni les hommes à tête volante, ni les hommes à la poitrine trouée, ni les hommes à œil derrière la tête. Mais, si sur les vingt-neuf chapitres que je viens d'extraire de l'*Encyclopédie japonaise*, suivant les principes que j'ai exposés au début de cette étude, il y en a trois pour lesquels je ne puisse faire aucun rapprochement, les autres se trouvent également en Occident et en Extrême-Orient. Je devrai même immédiatement ajouter cinq autres monstres, communs aux peuples les plus différents, qui nous sont fournis, non plus par la littérature, mais par les bas-reliefs de la sépulture de la famille Ou, datant du ıı^e siècle de notre ère, publiés par M. Ed. Chavannes. Ce sont les himantopodes, les oiseaux sirènes, les hommes à têtes d'animaux, de coq et de cheval, les lions à tête d'homme, reproduits à la planche XII. L'étude de ces bas-reliefs, les rapprochements à faire avec les

Éros bachique, n° 451.

pierres gnostiques et les abraxas m'entraîneraient trop loin dans une étude que je veux faire aussi courte que possible ; je me borne donc à les signaler simplement.

savamment publié par M. Babelon, les dessins des statuettes qui, en Occident, représentaient quelques-uns des « monstres » des gravures chinoises que nous reproduisons d'après la *Grande Encyclopédie japonaise*.

2

Revenons à l'*Encyclopédie*. Le royaume des chiens, c'est le pays des cynocéphales ; les hommes ailés, c'est en Occident Cronos, Persée, Éros, les dieux assyriens, les êtres fabuleux de la vision d'Ézéchiel. Si pour les arbres à têtes d'hommes nous ne trouvons pas une identification absolue, nous pouvons du moins leur comparer la forêt aux pucelles du *Roman d'Alexandre*, dans laquelle les jeunes filles rentrent en terre à l'entrée de l'hiver pour en ressortir au printemps en façon de fleur. Cette légende, d'ailleurs, nous l'avons lue déjà dans Lucien, dans son voyage au delà des Colonnes d'Hercule. C'est, en réalité, une déformation absolument semblable à celle de la légende du mercure que M. Berthelot trouvait dans Zosime et que j'ai identifiée, sans discussion possible, je crois, avec la légende chinoise, où les jeunes filles se trouvaient remplacées par de jeunes gens.

Sirène volant, n° 720.

Il paraît difficile de méconnaître dans le chapitre des *Wou sse li* une tradition égyptienne. Ce fleuve céleste à la source inconnue, qui coule dans un pays dépendant des Arabes, au milieu d'une contrée où il ne pleut jamais, qui déborde pendant quarante jours, qui fertilise les champs, au milieu duquel émerge une statue de vieillard, peut-être la statue vocale de Memnon, enfin ce miroir qui signale l'arrivée des ennemis et que nous retrouvons, suivant Jean de Hèse, chez le Prêtre Jean, ne nous paraissent laisser place à aucun doute sur l'origine occidentale de la légende. Le royaume des immortels, c'est le pays des *macrobies* ; les hommes aux longues jambes, ce sont les *macroscèles* ; les hommes aux longs bras, je les ai également rencontrés en Occident, mais seulement dans le *Codex Cavensis* qui porte le titre : « Feram

Guerrier sarde
[homme aux
longues jambes].
n° 917.

rex ad Adrianum imperatorem », comprenant XVI articles sur les
monstres : les hommes sans ventre sont certainement les hommes
fendus jusqu'au nombril du *Roman d'Alexandre* ; les géants sont
assurément les hommes qui traversent la mer, du *de Monstris* ; les
oreillards, nous les avons vus sous le nom d'*énotocètes*, de *panotios*. Dans le pays des femmes, elles conçoivent en s'exposant au
vent du sud, dit le livre chinois ; mais c'est textuellement la légende occidentale d'Échidna, fille de Callirohé, fécondée par le

Satyre hippopode, nᵒ 412.

Satyre avec queue de
cheval, nᵒ 416.

Tritonesse nageant, nᵒ 66.

vent, rapportée par Hésiode dans sa *Théogonie*, des juments et des
poules fécondées également par le vent, au dire de Varron. S'il
est ici un chapitre dont la parenté avec les légendes grecques
soit réellement incontestable, c'est certainement le passage relatif aux Pygmées obligés de toujours sortir en bandes pour n'être
pas enlevés par les grues. Pline nous parle des hommes à queue,
décrits ici ; les hommes à corps de poisson, les sirènes, c'est Oan-
nès, Dagon, et toutes les représentations gravées sur les abraxas :

les hommes velus sont signalés non seulement dans le *Roman d'Alexandre*, mais dans le *Périple* d'Hannon ; les hommes à pieds de cheval sont les hippopodes : Vincent de Beauvais parle des hommes à un seul bras ; les hommes à un seul œil sont les arimaspes, les cyclopes ; les hommes à un seul côté se trouvent dans les légendes arabes, où ils s'appellent *nisnas*. Puis ce sont les hommes à trois têtes, à trois corps : ils ne manquent pas dans la mythologie occidentale. Voici enfin venir la bête d'Ézéchiel, la sauterelle de l'Apocalypse, et pour terminer, ces hommes à

Polyphème,
n°. 812.

Satyre accroupi
[sternophtalme], n° 419.

Hermès quadricéphale,
n° 362.

têtes de lions, de tigres, mangeurs de serpents, dont la représentation semble celle d'Orias, tandis que le texte nous rappelle celui des *ophiophages* de Pomponius Mela.

Faut-il de ces rapprochements, qu'on ne saurait cependant traiter de fortuits, tirer dès maintenant quelques conséquences? Je n'oserais le faire. *Les sculptures du temps des deux dynasties Han*, publiées par M. Ed. Chavannes, nous ont fait voir sur des monuments chinois du IIe siècle de notre ère une influence grecque absolument manifeste ; les textes chinois, traduits ici, ont avec les textes de l'antiquité occidentale des rapports indiscutables.

Mais leur parenté évidente est-elle si certainement directe que nous soyons autorisés à échafauder sur ces détails tout un système? Il semble, entre autres choses, qu'il est dans le cas présent un facteur qu'on ne peut négliger : l'influence des petits monuments. Tertullien ne parle-t-il pas des peuples étranges, des monstres, d'après une mosaïque de Carthage? M. Perrot a reproduit des ivoires grecs, trouvés à Mycènes, inspirés, sinon copiés sur des miroirs indous. J'ai publié naguère des sculptures de la cathédrale de Chartres, de Saint-Sernin de Toulouse, copiées sur des coffrets orientaux; ici, ce sont des reproductions d'abraxas, presque des copies de manuscrits arabes, tel le *Lapidaire* d'Alphonse X le Sage[1]. — Mais est-ce là que les Chinois ont trouvé leur inspiration, ou bien, la littérature occidentale, et je comprends même sous ce terme les Arabes, a-t-elle simplement puisé aux mêmes sources, plus anciennes par conséquent, que l'Extrême-Orient? Ils se touchent de bien près, nous venons de le voir, et littérairement et graphiquement : gravures et descriptions ont un lien très étroit, c'est le seul point que je me crois autorisé à mettre aujourd'hui bien en lumière[2].

F. DE MÉLY.

1. Mély (F. de), *Du rôle des pierres gravées au Moyen Age*. Lille, Desclée, 1893, in-4°.

2. Je ne saurais manquer de signaler ici, en terminant, les dernières études de M. Schlegel, qui, dans ses *Problèmes géographiques* (Extraits du *T'oung pao*), propose pour nombre de ces mythes des solutions absolument scientifiques.

Sirène, oiseau à tête humaine, n° 728.

ANGERS, IMP. DE A. BURDIN, 4, RUE GARNIER.